Warum träumen wir

und

können wir unsere Träume beeinflussen?

psychologische Erklärungen

von Jörg Bernhard

Jörg Bernhard

Warum träumen wir

und

können wir unsere Träume beeinflussen?

psychologische Erklärungen

Herstellung und Verlag:

BoD – Books on Demand, Norderstedt

Bibliografische Information der Deutschen Nationalbibliothek

Die Deutsche Nationalbibliothek verzeichnet diese Publikation in der Deutschen Nationalbibliografie; detaillierte bibliografische Daten sind im Internet über http://dnb.d-nb.de abrufbar.

ISBN: 978-3-7481-7466-0

Prolog

Mein Name ist Jörg Bernhard, ich wurde im November 1976 in Forchheim / Oberfranken geboren.

Nach erfolgreichem Hauptschulabschluss und der Ausbildung zum Industriemechaniker war ich einige Jahre in diesem Beruf tätig.
2005 wagte ich den Schritt zum Industriemeister Metall und war seit 2006 bis 2016 in der Ausbildungsbranche für Metallberufe tätig. Im Fernstudium erhöhte ich meinen Bildungsgrad zum technischen Betriebswirt.
Da ich in meiner Laufbahn mit sehr vielen unterschiedlichen Charakteren zu tun hatte, interessierte mich auch das innere Verhalten meiner Klienten und ich studierte zudem Praktische, Persönlichkeits- und Betriebspsychologie.

Prolog

Wir alle träumen jede Nacht. Träume sind merkwürdige und sogar faszinierende Erscheinungen. Träume entziehen sich unserer bewussten Kontrolle, deshalb sind wir scheinbar passiv und willenlos. Träume gehören zu den wiederholenden Erlebnissen des Menschen und gehören zu den persönlichsten. Oft können wir uns kaum an das erinnern, was wir geträumt haben, dennoch haben wir den Eindruck, dass uns ein Traum wichtige Dinge zu sagen hat, aber meistens ist es äußerst schwierig, die verschleierte, in symbolischer Form dargestellte Information auf zuverlässige Weise zu entschlüsseln.

Wissenschaftlich ist der Traum ein schwer zugänglicher Bereich, der auch mit diversen Methoden nicht unbedingt aufschlussreich erscheint, weil die Traumbilder nicht objektiv wahrnehmbar sind. Man kann den Traum einer anderen Person nur durch deren Erzählungen kennen lernen. Bei der Erforschung eines Traums ist man also auf die Methode der Selbstbeobachtung angewiesen. Trotzdem sind viele experimentelle Untersuchungen über Träume gemacht worden, und zahlreiche Bücher über Traumdeutungen sind erschienen.

Traum enstammt aus dem germanischen Wort "draugma" und bedeutet nichts anderes als "Trugbild".

Traumwirklichkeit

Wenn man träumt, ist es, als würde man sich in eine andere Wirklichkeit begeben, in der andere Gesetze und Regeln gelten als in der Wachwirklichkeit. Träume sind an unsere körperlichen Vorgänge gebunden, wie es in den nächsten Teilen dieses Buches noch erklärt wird. Doch letzten Endes stellen sie jedoch psychische (gedankliche) Erfahrungen dar, welche eine zusätzliche Lebensdimension verkörpern.
Denn " Das persönlichste was wir haben, sind unsere Träume" (S. Freud). Träume werden wie die Wirklichkeit und sehr real erlebt. Als nicht wirklich erkennen wir den Traum aber erst nach dem Aufwachen.

Ein Traum spielt sich meistens an bestimmten Orten ab, die aber häufig nur unklar voneinander abgegrenzt sind. Der Ort kann von einem Augenblick zum nächsten wechseln. Es kann sich ein Traum sogar an mehreren Orten abspielen.

Auch das Zeiterleben in einem Traum stimmt nicht mit der tatsächlichen Zeitdauer des Traums überein. Wenn der Träumer das Gefühl hat, dass etwas sehr lange dauert, ist das vor allem auf die Tiefe (Intensitiät) einer Traumerfahrung zurückzuführen.

Es kommt in der sogenannten Traumwirklichkeit praktisch nie vor, dass man das Verstreichen von Momenten (Minuten, Stunden) realistisch erlebt.

Beim Erwachen hat man oft das Gefühl, als hätte man die ganze Nacht geträumt, obwohl man in verschiedenen Untersuchungen festgestellt hat, dass ein Traum selten länger als eine halbe Stunde dauert. Wenn wir gefühlsmäßig stark beteiligt sind, erleben wir den Traum als länger andauernd. Wie Sie sicher aus eigener Erfahrung wissen, können unsere Träume von angenehmen und glücklichen Gefühlen begleitet sein, aber auch von starken Ängsten.

Durch das beschriebene veränderte Zeit- und Raumerleben erscheinen uns Träume bizarr. Sie muten uns manchmal fremdartig und absonderlich an.

Jede Person, die in einem Traum erscheint, kann plötzlich eine andere werden. Manchmal kann eine Traumfigur gleichzeitig mehr als eine Person darstellen. Bereits verstorbene Personen können in einem Traum wieder lebend auftreten und noch lebende Menschen in einem Traum bereits verstorben sein.

Die Gesetze von Ursache und Wirkung gelten in der sogenannten Traumwirklichkeit nicht. Man kann von einem hohen Turm auf die Erde fallen und unverletzt bleiben – oder im strömenden Regen herumlaufen, ohne nass zu werden.

Obwohl auch die Ergebnisse des Vortages in den Traum einfließen, sind Wünsche, Ängste und andere Gefühls- und Affektzustände der träumenden Person vorrangig.

Die Erklärung der Bedeutung eines Traums

D ie Bedeutung, die einem Traum gegeben wird, hängt ab von den Auffassungen, die man über das psychische Funktionieren des Menschen hat. Im nachfolgenden stelle ich Ihnen nicht nur Theorien vor, sondern möchte auch praktische Hinweise zur Traumdeutung aufzeigen.

1) Der psychoanalytische Ansatz

   a) Nach Sigmund Freud kommen in Träumen verschiedene unbewusste Ängste, Wünsche und Motive in symbolischer (sinnbildlicher) Form zum Ausdruck. Im Unterschied zum Wacherleben ist im Schlafzustand die Kontrollfunktion von Ich und Über-Ich zu einem großen Teil ausgeschaltet. Die Abwehrmechanismen, die unerwünschte Triebe aus dem Unbewussten nicht ins Bewusstsein dringen lassen, sind weitgehend funktionslos.

   b) Jung sieht das Unbewusste als eine Quelle von Inspiration und Kreativität. Im Traum werden Inspirationen und kreative Prozesse in symbolischer Form zum Ausdruck gebracht. Deshalb hält es Jung für sehr bedeutsam, dass jeder lernt, seine eigenen Traumsymbole zu begreifen.

2) Der gestaltgebundene Erklärungsansatz

Die gestaltpsychologischen Grundlagen zum Verständnis von Träumen sind vor allem von dem bekannten Gestalttherapeuten Fritz Perls ausgearbeitet worden.

Perls geht davon aus, dass jedes Traumbild für sich genommen einen Aspekt eines inneren Konfliktes ausdrückt. Der Traum als Ganzes ist eine "Gestalt", in der alle Aspekte eines Konfliktes ein zusammenhängendes Ganzes bilden.

3) Der Erklärungsansatz aus der Selbsterfahrung

Der Ausgangspunkt der experiementellen Psychologie ist Ihnen bekannt: Nur diejenigen Traumphänomene können Gegenstand der Untersuchung sein, die objektiv wahrnehmbar, messbar und registrierbar sind. Die Trauminhalte, die nur durch Selbstbeobachtung erschließbar sind, gehören nicht dazu.

4) Der kognitive Erklärungsansatz

Kognition umfasst alles, was mit Lernen, Denken, Wissen, Sprache, Erinnern und verstandesmäßiger Einsicht zu tun hat. Die kognitive Psychologie sieht den Menschen vor allem als ein Individuum, das durch Lernen und Denken Informationen verarbeitet. Das dadurch erworbene Wissen wird im Gedächtnis gespeichert.

Träume sind demzufolge Vorstellungen oder Erinnerungen, die trotz des Schlafzustandes unbewusst von unserem denkenden System verarbeitet werden. Sie werden aber auf eine andere Art als im Wachzustand in die eine oder andere Form von Wissen umgesetzt.

5) Der parapsychologische Erklärungsansatz

Die Parapsychologie richtet ihre Aufmerksamkeit vor allen Dingen auf sogenannte paranormale (nicht mit den Gesetzen erklärbare) Erscheinungen in Träumen.

Es gibt Parapsychologen, die den Traumzustand als eine andere Art der Wirklichkeit betrachten, in der psychische Energien verschiedene Prozesse in Gang setzen und ihnen Form geben.

In vielen Traumtheorien findet man kombinationen der oben genannten Traumtheorien.

Der Traum aus psychoanalytischer Sicht

Die moderne tiefenpsychologische Traumdeutung beginnt mit Freud. Für ihn ist der Traum der Hüter des Schlafes. In der Psychoanalyse ist die Traumdeutung eine der wichtigsten Methoden.

Aber schon in uralten Zeiten haben die Menschen versucht, ihre Träume auf eine bestimmte Weise zu deuten.

Schon im alten Testament kann man lesen, wie Joseph die Träume des Pharaos interpretierte. In vielen frühen Hochkulturen und Religionen haben die Traumdeutungen einen hohen Stellenwert.

So gehen die östlichen Lehren von verschiedenen Bewusstseinzuständen aus. Der erste ist das sogenannte Schlafbewusstsein. Es handelt sich hierbei um einen Zustand des traumlosen Tiefschlafs, in dem der Körper weiterhin tätig ist.

Der nächste ist das Traumbewusstsein, d. h. der Zustand zwischen Körperbewusstsein und Wachbewusstsein, einem eigenständigen Bewusstseinszustand, der Informationen übermitteln und sich heilend auf das Körperbewusstsein auswirken kann.

Als dritter Bewusstseinszustand wird das Wachbewusstsein angenommen, das als Gesamtinhalt aller seelischen und geistigen Erlebnisse betrachtet werden kann. Dann gibt es noch einen vierten Bewusstseinszustand, bei dem es sich gewissermaßen um einen supra-mentalen Bewusstseinszustand handelt, der wie ein unsichtbares, schweigendes Energiefeld auch als Überbewusstsein oder Weltenseele (lat. anima mundi) bezeichnen.

Eine erste wissenschaftliche Deutung der Träume geht auf Platon zurück. Nach seiner Auffassung lag der Ursprung der Träume im Außen. Es waren die Götter, die Träume sandten und damit auf zukünftiges Geschehen hinweisen sollten; oder sie stammten einfach von Sinneseindrücken, die von außen auf den Träumer einstürmten. Er unterschied somit zwischen einem göttlichen Offenbarungstraum und einen physiologischen Begierdetraum.

In der christlichen Religion, die selbst reich an Symbolen, z. B. dem Kreuz und den symbolischen Handlungen z. B. das Abendmahl ist, wurde die Beschäftigung mit Träumen lange Zeit als ketzerisch abgetan, sodass man sich wenig um Träume und Traumdeutung kümmerte.

Auch in der Zeit des Rationalismus wurde der Traum als Ausdruck des dunklen, verworrenen Seelenlebens abgewertet.

Die Traumtheorie nach Sigmund Freud

Erst die Tiefenpsychologie, hier sind vorallem Sigmund Freud und Carl-Gustav Jung zu nennen, hat zu Begin des Jahrhunderts den Traum wieder in den Mittelpunkt des Forschungsinteresses gerückt. Freud sah als Traumquelle unser Inneres an, das er das Unbewusste nannte. Der Traum galt als wichtiges, wenn nicht wichtigstes Hilfsmittel auf dem Weg zur Erforschung des Unbewussten. Somit wurde der Traum zum Forschungsprojekt der modernen Wissenschaft.

Bei der Traumanalyse geht man davon aus, dass die Botschaften in Symbolen oder symbolischen Handlungen an den Träumer übermittelt werden.

Ein Symbol kann begrifflich oder gar verstandesmäßig nie ganz erfasst werden. Es vereint viele psychische Erfahrungen und stellt somit einen Ausdruck für seelisches Geschehen dar. Diese Symbole müssen in der Traumanalyse gedeutet, das heißt in die logische Sprache des Wachzustandes umgesetzt und ihre Inhalte entschlüsselt werden.

Freud bezeichnete in seinem Werk "Die Traumdeutung" den Traum als Königsweg zum Unbewussten.
Freud sah im Menschen zwei mächtige energiegeladene Tendenzen, die sich gegenseitig bekämpfen: das Lustprinzip und das Realitätsprinzip. Er nahm an, dass Lusterfüllung der Lebenszweck sei und dass die

Information der Träume sich auf unterdrückte und verdrängte sexuelle Triebimpulse beziehe. Traumtätigkeit stellt nach dieser Theorie einen Lustersatz für unerfüllte Wünsche dar.

Dennoch hat nach Freud das Unbewusste auch im Traum nicht ganz freie Hand. Die heimlichen Wünsche und verdrängten Ängste können auch im Traum nicht unverhüllt geäußert werden und werden deshalb meistens, in symbolische Bilder umgesetzt. Das weist laut Freud darauf hin, dass das Ich und das Über-Ich während des Schlafes auf eine andere Art wirksam sind. Sie fungieren als eine Art Zensurbehörde (Ich) nebst wachsamer Sittenpolizei (Über-Ich) und gestalten den Traum in meist nicht-sexuelle Handlungen um.

Den Tatsächlichen Inhalt des Traums, die Bilder, die wir in unserem Traum wahrnehmen, nennt Freud den offenkundigen Trauminhalt. Die Wünsche oder Ängste, die hinter den Traumbildern verborgen sind, nennt er den verborgenen Trauminhalt. Der verborgene Trauminhalt ist nach Freud immer sexueller oder aggressiver Natur.

Wir können unsere Träume nur begreifen, wenn wir den manifesten (deutlich erkennbaren) Trauminhalt in den verborgenen Trauminhalt übersetzen. Anders gesagt, wir müssen den Traumsymbolen die richtige Bedeutung geben können, um zu begreifen, was uns die Traumbilder eigentlich zu sagen haben.

Machmal ist das ziemlich einfach. Wenn der Traum deutlich Bezug nimmt auf Ereignisse des vorangegangenen Tages, werden die Traumbilder im Allgemeinen schnell erkannt. Freud sprach in diesem Zusammenhang von sogenannten Tagesresten, diese sind Erlebnisse die im Traum nachwirken. Doch auch hier ist es sehr gut möglich, dass verborgende Wünsche oder verdrängte Ängste, die durch die Ereignisse hervorgerufen wurden, sich in schwierig zu erkennenden Symbolen verbergen.

Es ist nicht immer einfach, die Traumsymbole richtig zu deuten. Sogar im Schlaf sorgen das Ich und das Über-Ich dafür, dass die Traumbilder nicht zu direkt und zu überdeutlich die verborgenen Wünsche oder Ängste ans Licht bringen. Im Wachzustand spielt dieser Widerstand eine noch viel größere Rolle und behindert uns im Entlarven unserer Traumsymbole.

Freud verwendete oft die freie Assoziation, um zu den unbewussten Inhalten der menschlichen Psyche vorzudringen. Der Patient musste bei dieser Methode alles, was ihm gerade einfiel, erzählen.

Die freie Assoziation gilt als Grundregel der psychoanalytischen Therapie. Deshalb ist es nicht erstaunlich, dass Freud diese Methode auch zur Traumdeutung benutzte. Beim Verknüpfen der Traumbilder muss der Patient erzählen, was er bei einem bestimmten Bild denkt und fühlt, woran es ihn erinnert, und welche anderen Bilder hierdurch hervorgerufen werden. Freud war der Meinung, dass durch das andauernde Verknüpfen über Traumbilder die Bedeutung dieser Bilder deutlich wird. Durch sein Wissen über die Bedeutung von Traumsymbolen kann der Psychoanalytiker dem Träumer helfen, seine Träume zu verstehen.

Träume und der Weg zum inneren Kind

Träume würden Wünsche erfüllen, meinte Freud. Diese sind vielleicht bei Tage anerkannt, konnten jedoch keine Befriedigung finden. Es kann auch ein am Tage verworfener und unerledigter Wunsch sein. Der Wunsch kann sich aktuell im Schlaf bilden, oder es kann sich um unbewusste und verdrängte Triebregungen handeln.

Meist wird ein aktuelles Problem oder der Tagesrest mit den unsterblichen Kinderwünschen verwoben. Je weniger akzeptabel diese Kinderwünsche in unserer heutigen Zeit für uns sind und je größer die mangelnde Übereinstimmung der Themen ist, desto größer sei die Arbeit, die zur Umformung der Trauminhalte von der vorhandenen, aber noch nicht in Erscheinung getretenen zur Erkennbaren Ebene geleistet werden müsse.

Tagträumen und Phantasie in der Kindheit

Kinder zwischen zwei und fünf Jahren verbringen einen großen Teil ihrer Zeit mit imaginativem Verhalten. Danach nimmt die dafür verwandte Zeit langsam ab. Kinder sind nicht nur äußerst begabt und auf dem Gebiet der Phantasie und des Tagträumens, sondern es scheint auch, dass die spontane Anwendung dieser Kräfte für eine normale Entwicklung der Kinder wichtig ist. Im gleichen Maße, wie sich Kinder über den wachsenden Bereich ihrer Erfahrungen in ihrem Umfeld freuen, genießen sie das Zauberland ihrer inneren Erfahrungen. Kinder nennen ihre Tagträume "so tun als ob" oder "sich einbilden". Wir Erwachsenen nennen das meistens Phantasie. Kinder erproben so mental viele Verhaltensvariablen, bilden Visionen ihrer Zukunft und testen ihre zukünftigen Rollen. Auf diese Weise befriedigen sie auch unerfüllte kindliche Grundbedürfnisse nach dem Wohlbefinden, sozialer Interaktion und der Erfahrung, Dinge zu meistern und Stimulation zu erleben.

Sie selbst machen auch deutlich, dass sie am Phantasieren enorm viel Freude haben. Phantastische Geschichten, Monstererzählungen, Märchen sind typisch für eine kindliche Vorstellungswelt, die seit Jahrhunderten auch literarisch in verschiedenen Kulturen weitergegeben wird. Die Vorstellungen von Kindern und aber auch Erwachsenen, haben nachweisbare Effekte auf den

Körper, das Verhalten und den Ausbruch oder den Verlauf von Krankheiten.

Die Überfrachtung mit äußeren Reizen aus dem Fernsehen führt nicht nur zu der bedenklichen Vermittlung schädlicher Wertesysteme, sondern auch zu einer Verarmung der kreativen Vorstellungswelt. Hinzu kommt, dass gutmeinende Eltern und gesellschaftlich anerkannte Wertesysteme implizit oder auch offen die Phantasie der Kinder oft abwerten.

Lernen und gerichtete Kognitive Aufmerksamkeit auf den schulischen Unterrichtsvorgang im 45 Minuten Takt, auf das logische Denken und viel mehr, sind notwendige Bestandteile der schulischen und kindlichen Sozialisation. Sie führen jedoch auch verfrüht zu einer Verarmung des kindlichen Zauberers und entführen uns als Kinder aus der Welt der Magie. Heute gibt es in den Kindergärten und Grundschulen wieder Phantasiereisen, sinnliches Erkunden der Welt, Arbeit mit Imagination und Tagträumen, diese sind so kleine Nebenfächer. Diese Fähigkeiten werden in den höheren Schulklassen aber weniger gefördert. Denn Phantasie und Träumerei werden als Schlüssel zur Motivation der Kleinen angesehen, nicht jedoch als schlüssiges Konzept in der Arbeit mit größeren Kindern oder in der Erwachsenenpädagogik.

Kleiner Auszug aus "Die Kindheit eines Zauberers" von Herrmann Hesse:

"... ich wusste Bescheid in der Welt, ich verkehrte furchtlos mit Tieren und Sternen, ich kannte mich in Obstgärten und im Wasser bei den Fischen aus und konnte schon eine gute Anzahl von Liedern singen. Ich konnte auch zaubern, was ich dann leider früh verlernte und erst in höherem Alter von Neuem lernen musste, und verfügte über die ganze sagenhafte Weisheit der Kindheit..."

Tagträumen und Phantasieren von Erwachsenen

Tagträumen kann bedeuten, in Traumwelten zu verweilen, mit der Realität nicht im Reinen zu sein oder nicht haltbare fantastische Gebäude aufzubauen, in denen man verweilt. Diese Art der Imagination kann genussvoll oder angstabwehrend sein, sie führt aber nicht zu geistigem Wachstum. Bei gesunden Erwachsenen findet meist eine feine Abstimmung mit der Realität statt, wenn sie tagsüber träumen. Diese Reisen sind dann auf bestimmte Zeit ausgelgte Ausflüge in die Welt der Phantasie. Albert Einstein sagte: "Phantasie ist wichtiger als alles Wissen." Die unbewussten Anteile unserer Phantasie sind die treibende Kraft, mit der wir unsere innere Realität schaffen.

Diese Phantasie erschließt intensive Potenziale innerer Kraft, entwirft Ideen, Gedanken und persönliche Überzeugungen. Die bewussten Anteile unserer Phantasie sind ein schöpferischer Akt, an dem wir gleichsam als Beobachter und Schöpfer teilhaben können. Wir produzieren Gefühle, innere Bilder, Dialoge, Erfahrungen, Szenen, Vergangenes und Zukünftiges. Wir entwerfen uns selbst, entwickeln Perspektiven und Visionen, Ideen und Gedanken.

Wir können in der Phantasie oder Imagination alles durchspielen, was real noch nicht möglich erscheint, und wir können scheinbare Grenzen überwinden und verschieben. In diesen Träumen liegen meist mehr

Antworten und Schlüssel für unsere Fragen und Probleme verborgen als in der rationalen Analyse. Dabei nutzen auch die Erwachsenen ihre zauberhaften Kräfte der Kindheit.

Unsere Fähigkeit zum Zauberhaften hat ihre Wurzeln aber nicht nur in der Kindheit. Die kulturellen und psychologischen Ursprünge dieser Denkweise entstammen auch früheren Kulturen. In der mythisch-magischen Epoche der Menschheit bildete sie die Grundlage für unser Weltverständnis.

Bestimmt kennen Sie den Film "Die Götter müssen wohl verrückt sein". In der Erföffnungszene fällt einem Buschmann eine aus dem Flugzeug geworfene Cola-Flasche vor die Füße. Auch dort wird ein Aufeinanderprallen der magisch-mythischen, naturversunkenen Geisteshaltung mit dem rationalistisch-materialistischen Geist Ausgangspunkt für viele Verwicklungen.

Die Traumtheorie von Carl-Gustav Jung

C. G. Jung, ein Schüler Freuds, modifizierte dessen Theorie. Nach ihm stellt der Traum die innere Wirklichkeit des Menschen unmittelbar dar. Seine Traumtheorie ist ebenso kompliziert wie seine analytische Therapie.

Jung legte in der psychotherapeutischen Behandlung noch mehr Wert auf die Traumdeutung als Freud. Er war der Meinung, dass die Traumanalyse zur Lebenserfahrung einen unentbehrlichen Beitrag leisten könne. Das Unbewusste als Quelle von Inspiration und Kreativität erhält im Traum die Gelegenheit, ungehindert durch das bewusste Denken Ideen auszuarbeiten und mehr Klarheit über bestimmte Lebensfragen zu gewinnen, beispielsweiße für das Treffen wichtiger Entscheidungen bei Beziehungsproblemen oder schwerwiegenden Lebensfragen. Der Traum ist nach Jung von großem Wert für die Entfaltung der Persönlichkeit an sich.

Jung ging mit der Ansicht Freuds nicht geradlinig, dass Traumsymbole nur verdrängte Ängste und Wünsche verhüllen. Im Gegenteil, Jung war davon überzeugt, dass die Traumsymbole auf positive Kräfte im Menschen verweisen und, statt zu verdecken, geradezu erhellend wirken können. Jung ging also davon aus, dass die menschliche Psyche nicht in der Ursache steht, sondern dem Gesetz der sinnvollen Zufälle. Auch in unseren Träumen sind die Bilder nach diesem Gesetz angeordnet.

Um einen Traum begreifen zu können, müssen wir nach Jung erst einmal klären, ob der Traum aus dem Bereich des persönlichen Unbewussten oder aus dem gemeinschaftlichen Unbewussten stammt.

Träume aus dem persönlichen Unbewussten sind durch persönlich gefärbte Bilder gekennzeichnet, die aus der Umgebung des Menschen entnommen sind. Bekannte Personen treten auf, eigene Erfahrungen werden darin erkannt, manchmal auch Teile von Erfahrungen, die wir am Tag davor hatten.

In Träumen aus dem gemeinschaftlichen Unbewussten haben die Bilder einen mehr allgemeinmenschlichen Charakter. Sie sind schwer erkennbar als etwas, was von uns selbst kommt. Oft sind es auch symbolische Bilder, die einen unwirklichen, märchenhaften Charakter haben. Sie stellen mit psychischen Kräften oder Energien geladene Muster dar, die nicht nur das gemeinschaftliche Verhalten von Gruppen, Völkern und Rassen beeinflussen, sondern auch das Verhalten einer Einzelperson.

Eine Unterscheidung ist von Bedeutung, weil Träume aus dem persönlichen Unbewussten eine ganz andere Bedeutung oder Funktion haben als Träume aus dem gemeinschaftlichen Unbewussten.

Nach C. G. Jung kann ein Traum aus dem persönlichen Unbewussten die folgenden Funktionen oder Bedeutungen haben:

a) Es kann ein erneutes Durchleben und Verarbeiten einer persönlich gemachten Erfahrung sein.

b) Der Traum kann eine Situation zeigen, in der der Konflikt zwischen dem Bewussten und dem Unbewussten verdeutlicht wird.

c) Unbewusste psychische Prozesse oder körperliche Störungsquellen können in Bilder umgesetzt werden.

d) Durch die kreativen Möglichkeiten des Unbewussten können in einem Traum konkrete Lösungen für persönliche Alltagsprobleme ausgearbeitet werden. Falsche Auffassungen werden berichtigt, Zweifel aufgelöst.

Träume, die aus dem Lebens-Unbewussten kommen, handeln nicht von alltäglichen Dingen wie dem Durchleben von Geschehnissen und Konflikten oder persönlichen Problemen. Sie sind abstrakter und dadurch oft schwieriger zu begreifen. Träume aus dem kollektiven (gemeinschaftlichen) Unbewussten spiegeln nach Jung das urmenschliche Verlangen nach körperlicher Gesundheit, psychicher Reifung und Entwicklung wider.

Sie umfassen Bilder, die darauf gerichtet sind, unser gesamtes Bewusstsein zu verändern, uns neue Einsichten in unser Leben zu geben oder künstlerische Entwicklungen in Gang zu setzen. Sie offenbaren uns manchmal unvermutete Weisheiten über uns selbst. Ein Traum dieser Art kann beispielsweise jemanden in symbolischer Form mitteilen, dass er sich sein Leben durch unnötige Sorgen über materielle Dinge macht.

Weil Träume wichtige Botschaften enthalten können, ist es von großer Bedeutung, dass wir unsere Träume verstehen lernen. Die große Schwierigkeit ist hierbei jedoch, dass wir einen Traum nicht auslegen können, ohne im Gewalt anzutun. Schlimmer noch, wir können einen Traum nicht einmal erzählen, ohne ihn in vielerlei Hinsichten zu verkürzen. Der Bilderreichtum und die Gefühlsladung eines Traumes lassen sicht nicht so leicht in Sprache umsetzen. Das Unbewusste nimmt nicht umsonst Zuflucht in die sogenannte Traumwirklichkeit, um sich auszudrücken.

Jung spricht deshalb nicht von Traumauslegung, sondern davon, die Träume zu erfühlen.

Anstatt die Traumbilder mit Gewalt in Sprache umzusetzen und sie mit unserem Denken zu einer zusammenhängenden Geschichte aneinander zu reihen, sollten wir den umgekehrten Weg gehen. Dies bedeutet, sich dem Traum mit Bildern zu nähern und weniger mit logischem Denken. Diese Technik des Traumverstehens nennt Jung Vorstellungskraft. Dies könnte etwa folgendermaßen aussehen:

- Man versucht, den Traum im Wachzustand "wiederzuträumen", man lässt den Traum als Erinnerung erneut stattfinden, so als ob er sich im Wachzustand abspielen würde.

- Man gibt eine genaue Beschreibung dessen, was sich in den Traumbildern ereignet und was man dabei fühlt. Es geht jedoch nicht darum, aus losen Elementen eine zusammenhängende, sinnvolle Geschichte zu machen.

- Wenn man die Traumbilder auf diese Weise in die Erinnerung zurückgeholt hat, wird man stark emotional getönte Bilder erleben und spontan aufkommende andere Bilder oder Gefühle wahrnehmen. Das Traumbild wird in Wechselwirkung mit Gefühls- oder Bildvorstellungen vertieft und bewirkt damit, dass die Bedeutung des Traums dem Träumer oft schlagartig bewusst wird.

Manchmal aber machen die durch Imagination (durch die Vorstellung) verdeutlichten Traumbilder eine weitergehende Interpretation erforderlich. Jung schenkte hierbei dem Phänomen der Projektion in Träumen besondere Aufmerksamkeit, namentlich der Projektion des eigenen Schattens.

In Träumen kommen Eigenschaften oder Gefühle, deren man sich schämt und die demzufolge aus dem Bewusstsein verdrängt werden, in symbolischer Form wieder nach oben. Das kann auch dadurch geschehen, dass im Traum Personen eine Rolle spielen, die diese negativen Eigenschaften in besonders starkem Ausmaß zeigen. Wenn wir lernen, unsere Träume zu verstehen, können wir uns besser über unseren Schatten und unsere Projektionen bewusst werden. Bei Jung hatte dies einen hohen Stellenwert. Hierdurch können wir unser Bewusstsein erweitern und unsere psychische Entwicklung stark fördern.

Der Traum aus gestalttherapeutischer Sichtweise

Fritz Perls, der Begründer der Gestalttherapie geht davon aus, dass jedes Traumbild ein verfremdeter Teil der Persönlichkeit des Träumers ist und etwas von dem ausdrückt, was ihn im inneren bewegt. Deshalb muss der Klient nacheinander in alle Rollen schlüpfen.

Jeder Traum enthält einen inneren Konflikt, bei dem zwei Bedürfnisse oder Gefühle aufeinander prallen. Jedes einzelne Bild beleuchtet nach Perls einen bestimmten Aspekt des Konflikts. Nachdem der Klient seinen Traum erzählt hat, wird er aufgefordert, sich vorzustellen, selbst jeder Teil des Traums zu sein, d. h. nacheinander in alle Rollen schlüpfen. Wenn sich der Klient in eine Person oder Situation des Traums hineinversetzt hat, berichtet er, wie er sich in dieser Rolle fühlt. So wird jedes einzelne Traumbild und damit jeder Aspekt des inneren Konflikts verdeutlicht.

Innerhalb des Konflikts zeichnen sich das sogenannte "Ich sollte" und "Ich möchte" ab.

"Ich möchte" beinhaltet etwas, was der Träumer im wachen Zustand nicht zuzulassen wagt und was durch das "Ich sollte" unterdrückt wird. Dadurch bleibt der innere Konflikt aufrechterhalten. In Freudschen Begriffen könnten wir sagen, dass das "Ich sollte" das Über-Ich vertritt und "Ich möchte" das protestierende Es.

Der Kern des Konflikts, der durch den Traum ans Tageslicht kommt, kann so deutlich formuliert werden. Dann muss der Traumerzähler in der Rolle des "Ich möchte", versuchen, dem "Ich sollte" Widerstand zu leisten. Wenn das gelingt, ist der Träumer fähig, demjenigen, vor dem er Angst hatte, in die Augen zu sehen und in seinem Leben einen Platz zu geben.

Aus der Sicht der kognitiven Psychologie

Die kognitive Psychologie betrachtet den Menschen als ein informationsverarbeitendes System. Eigentlich müsste man von einer Ansammlung informationsverarbeitender Systeme sprechen, denn es werden zumindest drei Systeme unterschieden: das Wahrnehmungs-, das Denk, und das Sprachsystem.

In der kognitiven Psychologie werden also Wahrnehmung, Denken und Sprache als Voraussetzungen für den Wissenserwerb betrachtet. Wir verarbeiten die Information, die wir über unsere Sinnesorgane erhalten, durch (mindestens) diese drei Systeme, bis für uns brauchbares, aber subjektives Wissen entsteht.

Die Vorstellungen von Foulkes

Ein wichtiger Vertreter der kognitiven Traumforschung ist der amerikanische Psychiater und Psychologe David Foulkes. Nach Foulkes ist Träumen ein Denk- und Erinnerungsprozess. Was wir im Wacherleben wahrnehmen, tun oder fühlen, taucht in unseren Träumen wieder auf, jedoch bearbeitet und verformt durch unser Denken und durch unsere Erinnerungen. Einen Beweis für diese Annahme sieht Foulkes in der Tatsache, dass Gehirnschädigungen, die Denkstörungen zur Folge haben, im Traum dieselben Störungen wie im Wachzustand verursachen.

Jemand, der als Folge einer Gehirnschädigung nicht mehr konkret, bildlich denken bzw. beim Denken keine Vorstellung mehr entwickeln kann, wird zwar erzählen, was er geträumt hat, aber keine "Bilder" vor sich sehen.

Foulkes interessierte nicht, was, sondern wie wir in unseren Träumen denken. Daher untersuchte er den Unterschied zwischen dem Denkprozess während eines Traums und während des Wachseins.

Über das, was in einem Traum geschieht, haben wir keine bewusste Kontrolle, auch nicht darüber, was wir selbst in einem Traum denken oder tun.

Wenn wir in einem Traum Handlungen verrichten, die mit unserem Gewissen oder mit unseren Überzeugungen nicht übereinstimmen, fühlen wir uns dafür zu Recht nicht verantwortlich.

Ein zweiter Unterschied zum Wacherleben ist die Art, in der man sich an etwas erinnert.

Ein Traumbild, das mit der Erinnerung an ein bestimmtes Erlebnis zu tun hat, stellt fast nie eine naturgetreue Wiedergabe dar. Die Erinnerung ist vielmehr durchzogen von verschiedenen Interpretationen und Gefühlen, die sich auf das Ereignis beziehen. Diese werden in Traumbilder umgesetzt, die manchmal so fremdartig und phantastisch sind, dass es schwierig ist, darin noch das wirkliche Geschehen oder die beteiligten Personen zu erkennen.

Außerdem wird ein Ereignis aus der Vergangenheit während des Traums nicht als Erinnerung erkannt, sondern als ein echtes, aktuelles Geschehen erlebt. Die Erklärung hierfür ist nach Foulkes, dass im Traum dieselben Wahrnehmungs-, Denk- und Sprachsysteme wirksam sind wie im wachen Zustand. In diesem Zustand liefern uns diese Systeme Informationen über die Außenwelt. Weil im Schlaf keine äußeren Sinnesreize unser informationsverarbeitendes System stimulieren, greifen die Verarbeitungssysteme symbolhafte Vorstellungen auf, die während des Schlafes auftauchen. Dadurch entsteht beim Träumer der Eindruck, dass die symbolischen Traumbilder einer wirklich existierenden

Außenwelt entstammen, d. h., wir halten das Traumgeschehen für Realitiät.

Es gibt hier aber auch Ausnahmen. Sie kennen sicher das Phänomen, dass man während eines Traumes genau weiß, dass man träumt. Diese Form des Denkens im Traum wird als "luzides Träumen" bezeichnet, auf welches ich auf den nächsten Seiten noch näher eingehen werde.

Träume enstehen durch unser Gedächtnis. In unserem Gedächtnis sind Erfahrungen und Wissen nicht in Form von konkreten Bildern gespeichert, sondern in abstrakter Form.

Im Traum können unzusammenhängende Gedächtnisteile in Bilder zurückversetzt werden. Diese Bilder werden dann durch unsere Verarbeitungssysteme, deren Arbeitsweise unter anderem darin besteht, Zusammenhänge zwischen verschiedenen Elementen herstellen, zu einer mehr oder weniger zusammenhängenden Geschichte verbunden.

Auf die Frage, weshalb bzw. wodurch die einzelnen Gedächtniselemente während des Schlafes als Bilder auftauchen und welche Faktoren die Wahl der Elemente bestimmen, hat die kognitive Psychologie noch keine Antwort gefunden.

Nach Foulkes umfassen Träume keinen versteckten, konkreten Auftrag, den man im Wachzustand mit allerlei Techniken wiederholen könnte. Die Traumanalyse hat nach Foulkes aber wohl einen Sinn, weil Träume eine reiche Quelle an Informationen über die Funktionsweise unseres Gehirns und über uns selbst bieten.

Die Vorstellungen von Hall

Ein anderer Vertreter dieser Richtung, der amerikanische Psychologe Calvin Hall, hat 1966 ein Klassifikationssystem für Trauminhalte veröffentlicht, das breite Anwendung gefunden hat. Er hat tausende von Träumen amerikanischer Studenten gesammelt und die Traumbilder nach verschiedenen Kategorien aufgeschlüsselt: Wo spielt sich der Traum ab, welche Personen und Gegenstände kommen vor, welche Handlungen werden durchgeführt, welche Gefühle treten auf, hat der Träumer Erfolgs- oder Misserfolgserlebnisse, werden die Ereignisse als glücklich oder unglücklich bezeichnet und weiteres. Auf diese Weise wird die Erlebnisbreite der Traumwelt aufgefächert. Hall stellte die folgenden drei Grundregeln auf:

1) Veruche nicht, jeden Traum gesondert zu erklären, sondern im Zusammenhang mit mehreren Träumen. In einer Serie von Träumen sind oft deutliche Verbindungen oder Wiederholungen im Hinblick auf regelmäßig wiederkehrende Themen, Personen, Situationen usw. zu finden.

2) Alles, was man träumt, muss auf die eine oder andere Art bereits im wachen Zustand in das informationsverarbeitende System aufgenommen worden sein. Versuche also, das wiederzufinden. Träume sind meistens eine Widerspiegelung oder Fortsetzung dessen, womit wir uns tagsüber beschäftigt haben.

3) Der Traum gibt keine Nachricht weiter, er kann uns aber wohl deutlicher machen, wie wir uns selbst, die anderen und die Welt betrachten. Der Traum macht uns vor allem deutlich, dass wir in uns verschiedene Auffassungen von Dingen haben. Auffassungen, die manchmal miteinander im Widerspruch stehen.

Hall fand in seinen zahlreichen Untersuchungen heraus, dass es im Wesentlichen fünf Spannungsfelder sind, die im Traum thematisiert werden:

- das Spannungsfeld zwischen Geborgenheit und Ausgeliefertsein,

- das Spannungsfeld zwischen gut und böse,

- das Spannungsfeld zwischen Anismus und Anima,

(**Animus und Anima** sind Begriffe aus der Analytischen Psychologie von Carl Gustav Jung. Es handelt sich hierbei um zwei der wichtigsten Archetypen, also im kollektiven Unbewussten angelegte, von individueller Erfahrung unabhängige unanschauliche Strukturen der Möglichkeiten menschlicher Imagination und Emotionalität. Quelle Wikipedia)

- das Spannungsfeld zwischen Leben und Tot,

- das Spannungsfeld zwischen Liebe und Hass im Verhältnis zwischen Eltern und Kindern.

Luzide Träume

Die wissenschaftliche Traumanalyse der kognitiven Psychologie liefert für die Interpretation unserer Träume nur wenig Anhaltspunkte. Sie gab jedoch einen neuen Impuls für die Untersuchung einer besonderen, interessanten Traumerscheinung, den luziden Träumen oder Klarträumen. Die meisten dieser Träume sind durch ihre Klarheit charakterisiert. Alles im Traum erscheint klar und real.

Wie ich bereits erwähnte, trifft die Behauptung, dass man keine bewusste Kontrolle darüber hat, was in einem Traum passiert, nicht immer zu. In luziden Träumen weiß man, dass man träumt, und ist dadurch fähig, bewusst in das Traumgeschehen einzugreifen.

Die meisten Untersuchungen zu den Klarträumen stammen aus amerikanischen Universitäten. Man kann luzide Träume bewusst hervorrufen und im Prinzip kann jeder diese Technik selbst lernen. Der Traumforscher Paul Tholey entwickelte für sich selbst verschiedene Techniken, um im Traum einen Zustand der Bewusstheit zu erreichen. Wenn er aus einem Traum erwachte, versuchte er sich auf diesen Traum zu konzentrieren und sagte sich vor: "Wenn ich das nächste Mal träume, will ich mir darüber bewusst sein, dass ich träume". Es gibt auch eine alte schamanische Technik, in der man versucht, im Zustand des Einschlafens bewusst zu bleiben.

Doch warum gibt es ein so großes Interesse an dieser Art von Träumen?

Durch das bewusste Zusammenwirken von Wachbewusstsein und Traumbewusstsein eröffnen sich dem Träumer unerwartete, kreative Möglichkeiten. Man geht davon aus, dass das Unterbewusstsein eine Quelle von Inspirationen und Kreativität ist.

Es ließen sich zahlreiche Beispiele von Forschern anführen, die tagelang ergebnislos mit einem Problem befasst waren und eines Nachts die Problemlösung träumten. Das Unterbewusstsein setzte seine kreative Arbeit im entspannten Zustand fort. Die besten Traumlösungen erreicht man jedoch, wenn man bereits eine gute Vorbereitung im hellwachen Zustand geleistet hat.

Durch luzide Träume können wir in manchen Fällen im Traum das vorwegnehmend realisieren, was wir im wirklichen Leben erst noch erreichen wollen. Mithilfe des luziden Träumens wäre es in Einzelfällen möglich, verschiedene Krankheiten zu heilen, Probleme zu lösen, Ängste zu überwinden oder sich auf zukünftige Situationen vorzubereiten. Handlungen, die bewusst in einem luziden Traum ausgeführt werden, können manchmal im wachen Leben wiederholt werden.

Durch das Zusammenwirken von Wachbewusstsein und Traumbewusstsein könnte man also auf eine viel bewusstere Art über die zahlreichen Möglichkeiten des Unterbewusstseins verfügen.

Die Untersuchungen über den luziden Traum sind noch im vollem Gange. Viele der genannten Möglichkeiten müssen noch näher experimentell untersucht werden.

Kritische Stimmen warnen aber davor, aktiv in Träume einzugreifen, weil es ja gerade ein wichtiger Aspekt des Träumens ist, die bewusste Kontrolle außer Kraft zu setzen und sich dem Traum zu überlassen. Diese Erfahrungen nimmt man sich wenn man in Träume eingreift, wie die Befürworter luzider Träume das vorschlagen.

Im Rahmen neuerer Entdeckungen auf parapsychologischem Gebiet sind luzide Träume jedoch besonders interessant.

Die Traumbilder in luziden Träumen zeigen eine Anzahl typischer Kennzeichen.

1) Die Traumbilder stehen meist in Übereinstimmung mit der Alltagswirklichkeit. Es können jedoch auch Geschehnisse, die in Wirklichkeit nicht möglich sind, stattfinden. Menschen und Dinge behalten ihre Identität, manchmal erscheinen sie so wirklich, dass man sich beim Wachwerden kaum vorstellen kann, dass das alles nur ein Traum war.

2) Drei von der Realität abweichende Erscheinungen kommen sehr oft vor:

- man kann fliegen,

- man kann die Umgebung nach eigenem Belieben ändern,

- man fällt oder bewegt sich durch einen Tunnel und kommt dann durch diesen Tunnel in einen völlig anderen Raum oder in eine andere Zeit hinein.

3) Die Traumbilder sind farbig und scharf. Manchmal sind sie von Geräuschen, Wärmeempfindungen und Gefühlswahrnehmungen begleitet, weniger oft von Geruchs-, Geschmacks- und Schmerzempfindungen.

4) Die Gedanken und das analytische Vermögen funktionieren klar, aber aktuelle Geschehnisse aus dem Alltag spielen darin selten eine Rolle.

Das Merkmal eines luziden Traums ist, wie des öfteren schon erwähnt, das Bewusstsein, dass man träumt. Diese Entdeckung führt jedoch zu weiteren Erfahrungen.

- Man realisiert, dass man sich in einem Zustand befindet, in dem man Teilnehmer und Wahrnehmender ist und gleichzeitig bestimmen kann, was passieren wird.

- Man erfährt, dass man nicht an die normalen Einschränkungen der Naturgesetze gebunden ist und das man die Möglichkeit hat, Wünsche zu realisieren, die im Wachzustand unmöglich sind, dass man mit Verhalten experimentieren kann, ohne Risiken für sich selbst oder für andere einzugehen.

- Man wird durch die Vorstellung, wach zu sein, während man schläft, im Allgemeinen ziemlich erregt, vor allem wenn man spürt, über eine ungekannte Macht und Freiheit zu verfügen. Wenn man aber zu gefühlsgeladen in einen Traum gerät, ist die Möglichkeit groß dass der luzide Charakter des Traums verschwindet.

- Beim Wachwerden erinnert man sich an einen luziden Traum immer ganz klar, und meistens ist man sich bewusst, etwas sehr Wichtiges geträumt zu haben.

Techniken das luzide Träumen zu erlernen

Laberge gibt in seinem Buch "Kreatives Träumen" folgende Ratschläge, um luzides Träumen zu trainieren:

- Bilde dir ein, dass du tagsüber ab und zu träumst. Mit anderen Worten: Durchbrich die automatische Selbstverständlichkeit, mit der du gewöhnlich im Leben stehst und dich den Dingen annäherst. Übe dich in einer Haltung der Verwunderung und geistigen Flexibilität. Frage dich während des Tages des öfteren, ob du gerade wachst oder träumst, und stelle dir vor, alles nur zu träumen.

- Halte im wachen Zustand eine kritische, selbstreflektierende Haltung aufrecht, identifiziere dich nicht völlig mit deinem täglichen Leben. Du bist mehr als nur ein Arbeitstier, ein geduldiger Elternteil oder ein böser Nachbar.

- Mache dich mit dem Trauminhalt vertraut und versuche zu entdecken, was das Typische daran ist.

- Stelle dir, bevor du schlafen gehst, selbst die Aufgabe, einen luziden Traum zu träumen.

- Manche Übungen, um das Bewusstsein wärend des Übergangs vom Wach- in den Schlafzustand zu erhalten. Zum Beispiel: Stelle dir vor, dass dein Körper, während du einschläfst, irgendwo anders ist und etwas anderes tut, oder konzentriere dich auf die Idee, dass du für einige Momente deinen Körper nicht mehr wahrnehmen wirst. Eine andere Möglichkeit ist, während des Einschlafens durch Zählen einen gewissen Grad an Wachbewusstsein zu bewahren.

Diese Techniken beruhen alle auf demselben Grundprinzip: Entspannen, aber aufmerksam bleiben und die Konzentration auf ein inneres Geschehen richten, während die Aufmerksamkeit nach außen hin langsam abnimmt.

Der Traum aus der Sicht der Parapsychologie

n der Parapsychologie wird das Traumerleben als eine Wirklichkeit einer anderen Ordnung, also mit anderen Gesetzmäßigkeiten betrachtet, die ebenso realistisch ist wie die sogenannte Wachwirklichkeit. Man kann also sagen, was in einem Traum passiert, ist keine Phantasie oder Illusion, sondern passiert tatsächlich.

Merkwürdigerweise führt die nüchterne, experiementell gestützte Theorie der kognitiven Psychologie über den Traum zu den parapsychologischen Aspekten des Traums.

Celia Green zum Beispiel weist in ihrem Buch "Luzides Träumen" darauf hin, dass es einen engen Zusammenhang zwischen eine luziden Traum und einer sogenannten außerkörperlichen Erfahrung, einer Astralprojektion, gibt.

Experimente mit Traumtelepathie, durchgeführt Ende der 60er-Jahre im Maimonides Hospital in Brooklyn (New York), beweisen, dass eine telepathische Beeinflussung des Trauminhaltes möglich ist.

Der prospektive Traum

Es ist nachgewiesen, dass man in Träumen manchal die Zukunft voraussehen, also künftige Ereignisse wahrnehmen kann. Dies steht zunächst im Widerspruch zu den bekannten Möglichkeiten unserer Sinneswahrnehmung und des logischen Denkens. Dennoch scheint es außergewöhnlich begabten Personen, möglich zu sein, Ereignisse wahrzunehmen, die noch nicht stattgefunden haben.

Meistens wird in einem prospektiven Traum das künftige Ereignis nicht in einer realistischen Form präsentiert. Der Traum bedient sich meistens symbolischer Bilder, die einer näheren Erklärung bedürfen. Das macht es dann sehr schwierig, den Traum als prospektiv zu erkennen.

Die Traumforschung befasst sich unter anderem auch mit den Merkmalen prospektiver Träume. Obwohl hier noch viele Fragen offen sind, zeichnen sich doch bereits einige deutliche Merkmale ab, an denen ein solcher Traum zu erkennen ist:

- Man nimmt das Traumgeschehen klar und nüchtern, ohne Emotionen wahr. Angstträume oder Alpträume sind also nie prospektiv.

- Der Traum besteht aus einem lose zusammenhängenden Ereignis, ohne Geschichtszusammenhang. Komplizierte oder chaotische Träume sind sehr wahrscheinlich auch nicht prospektiv.

- Ein prospektiver Traum hat manchmal die Tendenz, sich in derselben oder ähnlicher Form zu wiederholen.

- Prospektive Traumbilder sind fast immer in Farbe.

- Wenn einem nach dem Erwachen ein bestimmtes Bild oder Wort nicht aus dem Kopf geht und man das starke Gefühl hat, etwas Wichtiges geträumt zu haben, ist es ratsam, davon auszugehen, dass der Traum eine Warnung beinhaltet haben könnte.

Arbeiten mit den Träumen

In den schon beschriebenen Traumtheorien können Sie die nötigen Hinweise finden, um einen Traum zu erklären. Neben diesen Methoden gibt es noch zahlreiche weitere konkrete Hinweise. Aus der umfangreichen Traumliteratur habe ich eine Auswahl zuverlässig und glaubwürdig erscheinender Angaben vorgenommen.

- Träume, die sich regelmäßig unverändert wiederholen, haben oft mit dem Eingebundensein in eine unangenehme, unbefriedigende Lebenssituation zu tun. Wenn man die Situation geändert, bzw. das Problem gelöst hat, kommt der Traum nicht mehr zurück.

- Wenn man mit einem klaren Bild oder einem Begriff erwacht, ist das oft als wichtiger Hinweis auf ein aktuelles Problem oder eine Warnung vor einem künftigen Ereignis zu betrachten.

- Wenn man ein Problem durch Nachdenken nicht lösen kann, kann man einen Traum programmieren. Kurz vor dem Einschlafen soll man dann das Problem so klar wie möglich formulieren und sich einige Male hintereinander selbst die Aufgabe stellen, das Problem in einem Traum zu lösen.

danach soll man versuchen, das bewusste Nachdenken über das Problem loszulassen.

- Eine andere Form von Traumprogrammierung ist bei regelmäßig auftretende Alpträumen möglich, in denen man bedroht oder verfolgt wird. Man soll sich, bevor man einschläft, die Bilder des Alptraums vor Augen halten und sich klar vorstellen, wie man der Angstsituation entkommen will. Danach gibt man sich selbst nachdrücklich die Aufgabe, auf die vorgestellte Weise zu handeln, sobald der Alptraum auftritt.

- Gefühle und Stimmungen während eines Traums und die Atmosphäre eines Traums sind oft vielsagender als die konkreten Bilder. Die Interpretation eines Traums muss deshalb immer innerhalb dieses Rahmens stattfinden.

- Das Thema Sterben hat in einem Traum fast nie die Bedeutung von einer Todesvoraussage. Es weißt meistens auf einen wichtigen Prozess der Veränderung, einen Wandlungsvorgang hin, mit dem man sich aktuell auseinander setzt.

- Träume über das Sterben von anderen haben ebenso selten einen voraussagenden Wert. Oft sind sie ein Symbol für die Erfüllung verdrängter aggressiver Wünsche.

- Der Inhalt eines Traums, der mit einer Art feierlichem Ritual anfängt, hat meistens die Bedeutung einer Warnung vor einer bestimmten Gefahr. So ein feierliches Ritual kann zum Beispiel aus einem Altar bestehen, auf dem langsam ein Feuer angezündet wird, aus Fahnen, die mit Musikbegleitung feierlich gehisst werden, und dergleichen. Es können auch sehr mystische, phantasierte Rituale sein.

- Unbekannte, negative Personen in einem Traum verdienen sorgfältige Aufmerksamkeit, sie sind oft ein Symbol für unerwünschte Aspekte der eigenen Person.

- Bekannte Menschen in einem Traum sind meistens nicht ein Symbol für etwas anderes, sondern offenbaren uns oft verdrängte Gefühle hinsichtlich dieser Person in der jetzigen Situation.

- Die offen auf der Hand liegenden Interpretationen eines Traums sind längst nicht immer die richtigen. Wenn man sich zu schnell mit scheinbaren Selbstverständlichkeiten bei der Erklärung seines Traums zufrieden gibt, können viele wichtige

Informationen verloren gehen. Das heißt umgekehrt nicht, dass Sie intuitive Einschätzungen Ihres Traums übergehen sollten.

- Versuchen Sie, in der Phantasie ein Gemälde des Traums zu machen, und geben Sie ihm einen Titel. Betrachten Sie aufmerksam dieses Gemälde, und versuchen Sie, darin eigene Lebensumstände zu entdecken. Durch dieses bedächtige Suchen nach dem Gesamteindruck des Traums und durch den Versuch, diesem Bild einen Namen zu geben, kann manchmal die Bedeutung eines Traums plötzlich klar werden.

An Träume Erinnern

Viele Menschen sind davon überzeugt, dass sie nie träumen. Das ist ein Irrtum. Sie wissen nun, dass jeder von uns etwa vier bis fünf mal pro Nacht träumt. Viele glauben, dass sie nicht träumen, weil sie sich an ihre Träume nicht erinnern können. Es ist aber für jeden möglich, das zu lernen, wenn Sie die folgenden Punkte beachten:

1) Entwickeln Sie Interesse dafür, was in Ihrem Inneren vorgeht. Wenn sie nicht gewohnt sind, ab und zu in Ihr eigenes Inneres zu schauen, fällt es Ihnen auch schwer, Träume, zu registrieren. Lesen Sie etwas über Träume oder beschäftigen sie sich mit ihnen, bevor Sie schlafen gehen.

2) Bleiben Sie nach dem Erwachen kurz in einem Zustand zwischen Schlaf und Wachsein entspannt liegen, sodass Ausschnitte der Traumbilder in Ihr Wachbewusstsein durchdringen können.

   Wenn Sie direkt nach dem Wachwerden an praktische Dinge denken, verwischen Sie sofort alle Traumspuren.

3) Wenn es möglich ist, erzählen Sie Ihren Traum direkt einem anderen. Noch besser ist es, den Traum in Aufnahmegerät zu Diktieren, das Sie neben Ihrem Bett stehen haben. Sie können Ihren

Traum natürlich auch sofort in einem Traumtagebuch aufschreiben. Wenn sie sich verstärkt mit Ihren Träumen befassen wollen, ist ein Traumtagebuch unbedingt erforderlich. Sie werden dann schnell bemerken, dass bestimmte Traumthemen regelmäßg, aber in verschiedenen Variationen wiederkehren.

4) Notieren Sie auch Träume, die Sie nicht interessant finden und an die Sie sich nur noch bruckstückhaft erinnern können. Beschreiben Sie nur die Traumbilder, und versuche Sie nicht, diese miteinander zu einer sinnvollen Geschichte zu verbinden.

5) Notieren Sie nicht nur die Bilder und Geschehnisse des Traums, sondern vor allem auch die Gefühle, die Sie während des Traums hatten. Notieren Sie auch das Gefühl, mit dem Sie wach wurden.

Wenn Sie einige Zeit auf die hier beschriebene Art Ihre Träume festhalten, werden Sie merken, dass Sie sich immer einfacher und klarer an Ihre Träume erinnern können.

Kleiner Auszug aus den Biografien der hier meistgenannten Traumanalytiker

Auszüge aus Wikipedia

S. H. Foulkes

S. H. Foulkes (ursprünglich Siegmund Heinrich Fuchs; * 3. September 1898 in Karlsruhe; † 8. Juli 1976 in London) war ein deutsch-britischer Psychiater und Psychoanalytiker, der 1933 wegen seiner jüdischen Herkunft nach Großbritannien emigrieren musste. 1938 nahm er die britische Staatsbürgerschaft und den im Englischen ähnlich klingenden Namen Foulkes an.

Foulkes studierte Medizin an den Universitäten in Heidelberg, München und Frankfurt am Main. Er absolvierte eine psychiatrische Ausbildung bei Otto Pötzl in Wien und eine neurologische bei Kurt Goldstein, dessen Assistent er für zwei Jahre wurde. So lernte er die Gestaltpsychologie kennen, was sich für seine späteren gruppentherapeutischen Ansätze als sehr bedeutsam erweisen sollte. Durch sein Interesse an psychologischen Problemen kam er mit den Werken von Sigmund Freud in Kontakt und zog schließlich nach Wien, wo er sich einer Lehranalyse bei Helene Deutsch unterzog. Sein Kontrollanalytiker war Hermann Nunberg. In Wien nahm er im Rahmen seiner psychoanalytischen Ausbildung auch an dem von Wilhelm Reich geleiteten Technischen Seminar teil. 1930 schloss er sich dem psychoanalytischen Institut in Frankfurt am Main an. Später wurde er für kurze Zeit Leiter des Ambulatoriums des Frankfurter Psychoanalytischen Instituts, das im selben Gebäude untergebracht war wie das später berühmt gewordene Institut für Sozialforschung. Hier kam er in Kontakt mit Max Horkheimer, Theodor W. Adorno, Erich Fromm und Herbert Marcuse. Außerdem war er eng befreundet mit dem Soziologen Norbert Elias. Die Zusammenarbeit mit ihm hatte auf seine später entwickelten therapeutischen Konzepte ebenfalls großen Einfluss. Von ihm übernahm er unter anderem den Grundgedanken der primären Sozialität des Individuums, seiner existentiellen Gruppenbezogenheit und Einbettung in eine transpersonale, kulturelle Matrix. Für kurze Zeit war er Leiter des Ambulatoriums des psychoanalytischen Instituts in Frankfurt. 1933 emigrierte er auf Einladung von Ernest Jones über Genf und Paris nach London und ließ sich als Psychoanalytiker in Exeter nieder. 1938 nahm er die britische Staatsangehörigkeit und den Namen Foulkes an. Im Herbst 1940 erhielt er seine Einberufung ins Militär. Im selben Herbst hatte er die Idee, seine Patienten im Wartezimmer zu versammeln und frei assoziieren zu lassen.[2] Er wusste im Anschluss daran, dass er etwas Neues gefunden hatte. „Heute war ein historischer Augenblick in der Psychiatrie, aber niemand weiß davon".

Sigmund Freud

Sigmund Freud (* 6. Mai 1856 in Freiberg, Mähren als Sigismund Schlomo Freud; † 23. September 1939 in London) war ein österreichischer Neurologe, Tiefenpsychologe, Kulturtheoretiker und Religionskritiker. Er ist der Begründer der Psychoanalyse und gilt als einer der einflussreichsten Denker des 20. Jahrhunderts. Seine Theorien und Methoden werden bis heute diskutiert und angewendet.

Von „Psychoanalyse" sprach Sigmund Freud erstmals im Jahr 1896, und zwar als „dem etwas subtilen Ausforschungsverfahren von Josef Breuer"; diesem war es in der Behandlung von Bertha Pappenheim gelungen, deren Symptome aufzulösen, indem er Pappenheim die eigentlichen Traumatisierungen, die sich hinter ihren Symptomen verbargen, aufspüren und aussprechen ließ. Es ging um die Benennung dessen, was sie tatsächlich an Verletzung, Kränkung, Ekel, Entwertung, Gewalt usw. erlebt hatte, jedoch aufgrund der „guten Erziehung" nicht benennen durfte.

Breuers Vorgehen entsprach ziemlich exakt demjenigen des König Ödipus im Theaterstück von Sophokles: Ödipus durchdringt mit großer Aufrichtigkeit am Ende die wahren Zusammenhänge. Schiller hatte 1797 in einem Brief an Goethe den König Ödipus eine „tragische Analyse" genannt, weil aus der Rückschau die Zusammenhänge aufgelöst werden. Möglicherweise schlug Breuer Freud vor, zur Betonung dieser Parallele das entwickelte Verfahren „Psychoanalyse" zu nennen.

Sigmund-Freud-Stele am Cobenzl in Grinzing
Bis zum September 1897 nannte Freud sein Verfahren mehrfach „Psychoanalyse", hielt aber dabei immerhin an dem Prinzip der Breuerschen Behandlung fest, indem er seine Patienten Gewalterfahrungen erforschen und benennen ließ. Jedoch war er in dieser Zeit einseitig fixiert auf Gewalt sexueller Natur, konkretisiert zuletzt als Vergewaltigung durch den Vater im Alter zwischen zwei und acht Jahren (siehe Verführungstheorie). Diesen Ansatz verwarf er dann im September 1897 (Brief vom 21. September 1897 an Fließ) und verkehrte ihn quasi in sein Gegenteil: Jetzt erwog er, die außer Kontrolle geratenen triebhaften Wünsche und Phantasien des Kindes gegenüber seinen Eltern seien der Ursprung zahlreicher Störungen. Einen Monat später formulierte er gegenüber Wilhelm Fließ (Brief vom 15. Oktober 1897) nach selbstanalytischen Betrachtungen erstmals die These vom „Ödipus-Komplex": Er postulierte das Phänomen unbewusster libidinöser Bindungen an die eigene Mutter bei einem gleichzeitigen Rivalitätsverhältnis zum Vater: „Ich habe die Verliebtheit in die Mutter und die Eifersucht gegen den Vater auch bei mir gefunden und halte sie jetzt für ein allgemeines Ereignis früher Kindheit [...]. Wenn das so ist, so versteht man die packende Macht des König Ödipus".

1895 verbrachte Freud den Sommer bei der Familie Ritter von Schlag in deren Schloss Belle Vue am Cobenzl, oberhalb Grinzings, in Wien. Am 24. Juli enthüllte sich ihm in der Deutung des Traumes von ‚Irmas Injektion', wie er es mit einer gewissen Selbstironie in einem Brief an Wilhelm Fließ ausdrückte, „das Geheimnis des Traumes",[30] woran eine Stele mit Inschrift an der Stelle des 1963 abgerissenen Schlosses erinnert.

„Glaubst Du eigentlich, daß an dem Hause dereinst auf einer Marmortafel zu lesen sein wird?: ‚Hier enthüllte sich am 24 Juli 1895 dem Dr. Sigm. Freud das Geheimnis des Traumes' Die Aussichten sind bis jetzt hiefür gering."

– Sigmund Freud, 12. Juni 1900

Sigmund Freud auf einer Porträt-Fotografie um 1905 von Ludwig Grillich
Am 4. November 1899 erschien Freuds frühes Hauptwerk, Die Traumdeutung, vordatiert auf 1900. Es folgten in kurzen Abständen die Schriften Zur Psychopathologie des Alltagslebens (1904), Der Witz und seine Beziehung zum Unbewußten (1905) und Drei Abhandlungen zur Sexualtheorie (1905).

Zum 1. April 1902 wurde Freud zum außerordentlichen Titularprofessor ernannt, nachdem seine Patientin Baronin Marie von Ferstel den zuständigen Minister Wilhelm von Hartel mit der Schenkung eines Kunstwerks dazu 'angeregt' hatte. Im gleichen Jahr gründete Freud die

„Psychologische Mittwoch-Gesellschaft", aus der 1908 die Wiener Psychoanalytische Vereinigung hervorging: Alfred Adler, Wilhelm Stekel und andere Kollegen und Schüler versammelten sich jede Woche in seiner Wohnung, um die neue Methode zu erlernen und zu diskutieren. Im Laufe der nächsten Jahre schlossen sich Paul Federn, Carl Gustav Jung, Otto Rank, Sándor Ferenczi und andere dem Kreis um Freud an.

Im Jahre 1908 berief Freud den ersten psychoanalytischen Kongress nach Salzburg ein. Hier kam es zu einem leisen Eklat: Otto Gross, ein Psychiater, der sich schon seit einigen Jahren öffentlich für Freuds Lehre eingesetzt hatte, zog gesellschaftspolitische Schlussfolgerungen aus ihr. Freud, der sich kurz zuvor in seiner Schrift Die ‚kulturelle' Sexualmoral und die moderne Nervosität konträr geäußert hatte, setzte dem entgegen, dass eine Veränderung der Gesellschaft nicht die Aufgabe von Ärzten sei, und sorgte dafür, dass Gross aus der Gruppe gedrängt und aus ihren Annalen getilgt wurde. 1910 gründete Freud die „Internationale Psychoanalytische Vereinigung" (IPV), es folgten 1911 die „amerikanische psychoanalytische Vereinigung" sowie 1919 die „britische psychoanalytische Vereinigung".

Im Jahre 1913 erschien die Schrift Totem und Tabu, in der sich Freud mit dem kulturgeschichtlichen Phänomen des Inzestverbots auseinandersetzte.

1917 stellte er im 18. Kapitel der Vorlesungen zur Einführung in die Psychoanalyse seine Entdeckung der Macht des Unbewussten in eine Reihe mit den Theorien von Nikolaus Kopernikus und Charles Darwin und bezeichnete alle drei Theorien als „Kränkungen der Menschheit".

1920 wurde Freud zum ordentlichen Professor ernannt.

Celia Elizabeth Green

Celia Elizabeth Green (* 26. November 1935) ist eine britische Schriftstellerin, die sich mit philosophischer Skepsis und Psychologie beschäftigt .

Die empirische Arbeit von Green, die zum Teil in Zusammenarbeit mit dem Oxford-Psychologen Charles McCreery durchgeführt wurde , konzentrierte sich hauptsächlich auf halluzinatorische Erfahrungen bei angeblich normalen Menschen.

Im Jahr 1968 veröffentlichte Grün Lucid Dreams , eine Studie der Träume , in denen das Subjekt bewusst ist , dass er oder sie schläft und träumt. Die Möglichkeit bewusster Einsicht in Träumen war zuvor von einigen Philosophen und Psychologen skeptisch behandelt worden . Green verglich jedoch sowohl die zuvor veröffentlichten Berichte aus erster Hand als auch die Ergebnisse von Längsschnittstudien von vier eigenen Probanden. Sie sagte voraus, dass sich luzide Träume mit dem Stadium der schnellen Augenbewegung (REM) des Schlafes korrelieren ließen , eine Vorhersage, die anschließend experimentell bestätigt wurde.

Green spekulierte auch darüber, dass es möglich sein könnte, zwischen dem luziden Träumer und einem Wachbeobachter ein rudimentäres Zweiweg-Signalsystem aufzubauen, eine Möglichkeit, die später unabhängig voneinander von Forschern in zwei verschiedenen Laboratorien realisiert wurde.

Im Jahr 1968 veröffentlichte Green eine Analyse von 400 Berichten aus erster Hand über Erfahrungen außerhalb des Körpers . 1975 veröffentlichten Green und McCreery eine ähnliche Taxonomie von "Erscheinungen" oder Halluzinationen, in denen der Standpunkt des Themas nicht angeblich verdrängt wurde, basierend auf einer Sammlung von 1500 Berichten aus erster Hand.

Green hat die Idee vorgetragen, dass klare Träume, außerkörperliche Erfahrungen und Erscheinungserfahrungen etwas gemeinsam haben, nämlich dass in allen drei Fällen das Wahrnehmungsfeld des Subjekts vollständig durch ein halluzinatorisches ersetzt wird. In den ersten beiden Arten von Fällen hält sie dies für selbstverständlich von der Art der Erfahrung, aber im Falle von Erscheinungen im Wachzustand ist die Idee alles andere als offensichtlich. Die Hypothese und die Beweise und Argumente dafür wurden zuerst in ihrem Buch Apparitions vorgestellt und später in ihrem Buch Lucid Dreaming, dem Paradox des Bewusstseins während des Schlafs , entwickelt, das sie beide zusammen mit McCreery verfasste.

Diese Beschäftigung mit dem Ausmaß des halluzinatorischen Elements in verschiedenen anomalen Wahrnehmungserfahrungen ist ein Hinweis darauf, dass das Hauptinteresse all dieser Erlebnisse für Green in dem

Licht liegt, das sie auf die normale Wahrnehmung und auf unsere theoretischen und psychologischen Theorien über diese Wahrnehmung werfen. Vor der Arbeit von Green waren diese verschiedenen halluzinatorischen Phänomene nur für Parapsychologen von Interesse gewesen, die sie mit Blick auf das Sehen untersucht hatten, entweder, ob sie Beweise für eine außersinnliche Wahrnehmung lieferten , oder ob sie die Frage, ob der Mensch etwas aussagen könnte, beleuchten gesagt werden, um den Tod zu überleben.

Calvin Springer Hall

Calvin Springer Hall (* 18. Januar 1909 in Seattle, Washington; † 4. April 1985 in Santa Cruz, Kalifornien) war ein US-amerikanischer Tiefenpsychologe und Traumwissenschaftler. Er war der Sohn des gleichnamigen Bundesrichters Calvin S. Hall.

Hall war 1935 bis 1975 einer der kreativsten Psychologen der USA. Sein maßgebliches Lebenswerk galt ab den 1940er Jahren der Traumdeutung, die er von der Klinik in eine normale, häusliche Atmosphäre brachte, da er erkannte, dass die Menschen zu Hause ganz andere Träume hatten als in der Klinik oder in einem Schlaflabor. Hall begann mit Träumen von Studentenkollegen und hatte am Ende seines Lebens über 50.000 Traumberichte zusammengestellt.

Halls empirische Studien zeigen auf, dass die Träume der verschiedenen Bevölkerungsgruppen auf der Welt sich eher ähneln als unterscheiden, abgesehen von Variationen, die sich aus kulturellen Unterschieden ergeben. Gleichzeitig fand er bei der Häufigkeit der Traumelemente große individuelle Unterschiede. Diese Unterschiede hängen nach Hall mit Umständen des täglichen Lebens, mit der emotionalen Beschäftigung und Interessen zusammen. Hall schlug vor, diesen Faktor als "Bindeglied" (engl. "continuity") zwischen Trauminhalt und Gedanken im Wachzustand zu bezeichnen.

Seine Arbeit mit Traumtagebüchern, die er mehrere Jahre lang führte, oder die von ein paar anderen Personen sogar über Jahrzehnte geführt wurden, zeigte eine erstaunliche Beständigkeit, was die Trauminhalte betrifft, auch wenn unbestritten einige Wechsel im realen Leben der träumenden Personen stattfanden.

Halls theoretische, methodische und empirische Studien über Träume außerhalb der Kliniken waren weltweit maßgebend. Auf der Grundlage seiner empirischen Traumstudien entwickelte Hall eine Traumtheorie mit folgenden Hauptpunkten:

Träume drücken "Konzeptionen" des Selbst aus, über Familienmitglieder, über den Freundeskreis, und über die soziale Umgebung aus.
Träume decken Zustände auf über Schwächen, Durchsetzungsfähigkeit, Nicht-geliebt-Sein, Dominanz, und Feindseligkeit.
Hall entdeckte auch eine Theorie der gleichnishaften Traumsymbolik, die sowohl in der Durchschnittsgesellschaft wie in der Dichtung vorkommt. Zusätzlich zu seinen vielen wissenschaftlichen Traumpublikationen schrieb Hall zwei Volksbücher, Traumdeutungen (orig. Meaning of Dreams, 1953) und Das Individuum und seine Träume (orig. The Individual and His Dreams, 1972). Beide wurden Bestseller.

Carl Gustav Jung

Carl Gustav Jung (* 26. Juli 1875 in Kesswil, Schweiz; † 6. Juni 1961 in Küsnacht/Kanton Zürich), meist kurz C. G. Jung, war ein Schweizer Psychiater und der Begründer der analytischen Psychologie.

Ab 1895 studierte Jung Medizin an der Universität Basel und besuchte zudem Vorlesungen in Jura und Philosophie. In dieser Zeit trat er dem Schweizerischen Zofingerverein bei. In seiner frühen Studienzeit beschäftigte er sich u. a. mit Spiritismus, einem Gebiet, das damals, wie seine Biografin Deirdre Bair 2005 schrieb, «als mit der Psychiatrie verwandt» angesehen wurde. Sein Interesse daran wurde zum einen durch zwei unerklärliche «Poltergeistphänomene» in seinem ersten Studiensemester geweckt: Ein plötzliches Zerreissen eines Tisches und sauberes Zerspringen eines Brotmessers habe er beobachtet. Jung besuchte von 1894 bis 1899 Séancen seiner Cousine Helly Preiswerk, die in Trance mediale Fähigkeiten zu haben schien, sowie zwei Jahre lang, von 1895 bis 1897, die wöchentlichen Séancen eines «Gläser- und Tischrücker-Kreises», der sich um ein fünfzehnjähriges «Medium» gebildet hatte.

Seine Mitarbeiterin Marie-Louise von Franz äusserte dazu mit Bezugnahme auf Jungs Ausführungen über Die psychologischen Grundlagen des Geisterglaubens:

«Diese Erfahrung veranlasste ihn, längere Zeit alle Geistererscheinungen überhaupt als autonome, aber prinzipiell persönlichkeitszugehörige ‹Teilseelen› anzusehen.»

Jung spezialisierte sich auf Psychiatrie. Interesse an diesem Gebiet hatte er bereits aufgrund der Aufgaben seines Vaters Paul als Pastor und Konsulent der Irrenanstalt Basel (vermutlich von 1886/87 bis zu seinem Lebensende am 28. Januar 1896). Ausschlaggebend für Jungs Entscheidung war die Lektüre von Krafft-Ebings Lehrbuchs der Psychiatrie für praktische Ärzte und Studierende, in dem Psychosen als «Krankheiten der Person» beschrieben werden, was für Jung «die beiden Ströme meines Interesses» als «gemeinsame[s] Feld der Erfahrung von biologischen und geistigen Tatsachen» verband.

1900 wurde Jung nach seinem Staatsexamen als Assistent von Eugen Bleuler in der Irrenheilanstalt Burghölzli in Zürich tätig. Während dieser Zeit entstand aus seinen Beobachtungen des Phänomens der gespaltenen Persönlichkeit, die er anhand von Protokollen spiritistischer Sitzungen gewonnen hatte, 1902 seine Dissertation Zur Psychologie und Pathologie sogenannter occulter Phänomene. Im Winter 1902/03 assistierte Jung bei Pierre Janet am Pariser Hôpital de la Salpêtrière. Seine Forschungen am Burghölzli über Gehirngewebeproben und seine Arbeit mit der damals populären Hypnose zur Heilung der Symptome psychischer Krankheiten befriedigten Jungs Suche nach dem Entstehen und der Natur von Geisteskrankheiten nicht. Erst die Fortführung der von Wilhelm Wundt entwickelten Assoziationsstudien zusammen mit seinem Kollegen Franz Beda Riklin führten Jung zu einer ersten Antwort. Die Ergebnisse seiner Assoziationsexperimente, verknüpft mit den Überlegungen von Pierre Janet in Paris und Théodore Flournoy in Genf, brachten Jung zur Annahme der von ihm so genannten «gefühlsbetonten Komplexe». Er sah darin die Bestätigung von Sigmund Freuds Theorie der Verdrängung, die ihm die einzig sinnvolle Erklärung für solche sich autonom verhaltenden, aber dem Bewusstsein schwer zugänglichen Gedankeneinheiten war.[

Stephen LaBerge

Stephen LaBerge (* 1947) ist ein amerikanischer Psychologe und Unternehmer. Neben dem 1998 verstorbenen Paul Tholey ist er der führende Forscher auf dem Gebiet der Klarträume.

LaBerge erwarb 1967 seinen Bachelor in Mathematik an der University of Arizona und bekam 1980 den Titel Ph.D. der Psychologie für seine Studie Lucid dreaming: an exploratory study of consciousness during sleep.[1] Seine Hauptarbeit wurde in mehrere Sprachen übersetzt. An der Stanford University war er bis 2003 Research Associate (Postdoktorand) am Department of Psychology. Er leitet das von ihm gegründete Lucidity Institute, das kommerzielle Selbsterfahrungskurse und Geräte vertreibt, die Klarträume hervorrufen sollen (Novadreamer).

LaBerge ist Grundlagenforscher auf dem Gebiet der Klartraumforschung. Unabhängig von Keith Hearne, der dieselben Forschungen betreibt und etwa zur selben Zeit ähnliche Entdeckungen gemacht hat, konnte LaBerge wissenschaftlich im Rahmen seiner Doktorarbeit nachweisen, dass es sich bei Klarträumen um ein reales Phänomen handelt. Der Kern des Experiments bestand in der empirischen Beobachtung seiner Augenbewegungen im Schlaflabor während des Schlafes. LaBerge war immer wieder in der Lage, während seiner luziden Träume ein vereinbartes, unverwechselbares und nicht durch Zufall zu erklärendes Signal durch bewusstes Hin- und

Herbewegen seiner Augäpfel zu erzeugen. Dabei befand er sich nachweislich im REM-Schlaf. Damit bewies er zugleich die Scanning-Hypothese. Das Experiment wurde in dieser und ähnlichen Versuchsanordnungen (zum Beispiel das Lösen von sehr einfachen Rechenaufgaben im Traum) später von vielen weiteren Personen erfolgreich wiederholt.

Fritz Perls

Friedrich Salomon „Fritz" Perls – auch Frederick S. Perls – (* 8. Juli 1893 in Berlin; † 14. Mai 1970 in Chicago) war ein Psychiater und Psychotherapeut deutsch-jüdischer Herkunft. Gemeinsam mit Laura Perls und Paul Goodman ist Fritz Perls ein Mitbegründer der Gestalttherapie.

Perls begann nach seinem Abitur am Askanischen Gymnasium im Jahr 1914 Medizin zu studieren. Im Ersten Weltkrieg diente er als Feldarzt. Während des Studiums spielte Perls am expressionistischen Theater bei Max Reinhardt und teilte dessen Forderung nach Wahrheit und Echtheit im Gegensatz zu „jener leeren Schauspielerei, von der das Leben voll ist". 1921 wurde Perls zum Dr. med. promoviert, es folgte eine psychoanalytische Ausbildung. Nach einem kurzen Aufenthalt in den USA begann Perls eine Psychoanalyse bei Karen Horney.

Seit 1926 arbeitete Perls als Assistenzarzt bei Kurt Goldstein. Gemeinsam führten sie Studien an Hirnverletzten durch. Goldstein machte Perls mit der Gestaltpsychologie bekannt, die einen großen Einfluss auf die Entwicklung der Gestalttherapie haben sollte. Während dieser Zeit lernte er Lore Posner, eine Studentin Goldsteins, kennen. 1930 heirateten Fritz Perls und Laura Perls.

1927 begegnete Fritz Perls in Wien Wilhelm Reich und nahm an dessen „technischen Seminaren" teil. Später, 1930, als Reich sich in Berlin niedergelassen hatte, absolvierte er bei ihm eine etwa zwei Jahre dauernde Lehranalyse, die aufgrund der Emigrationen beider im Januar 1933 abgebrochen wurde. Perls war, wie seine Frau Lore/Laura berichtet, von Reich „absolut fasziniert." Er sei von den vier Therapeuten, die Perls hatte, „mit Abstand der beste" gewesen. Reichs Konzept der Charakteranalyse fand Perls' besonderes Interesse und beeinflusste im weiteren Verlauf die Entwicklung und Ausformung der Gestalttherapie.

Perls entwickelte – in Abgrenzung zur Psychoanalyse – mit seiner Frau Laura Perls und unter Mitarbeit von Paul Goodman die Gestalttherapie. Sie ist ein spezifisches erlebnisaktivierendes Psychotherapieverfahren, bei dem es um die Förderung der Awareness, des Gewahrseins aller gegenwärtigen Gefühle, Empfindungen und Verhaltensweisen, und des Kontakts zu sich selbst und zur Umwelt geht.

1951 erschien das Buch Gestalt Therapy, das er zusammen mit Paul Goodman und Ralph F. Hefferline verfasst hatte. 1952 gründeten Fritz und Laura Perls das Gestaltinstitut in New York. 1953 folgte eine weitere Gründung in Cleveland. Perls entwickelte eine typische experimentelle Arbeitsweise, die rasch Anhänger fand. Zu seinen Kontakten gehörten Judith Malina und Julian Beck, die das Living Theatre aus der Arbeit mit Erwin Piscator entwickelten.

Ab 1960 beschäftigte sich Perls mit existenzieller Psychiatrie und studierte in Japan Zen. 1964 ging er an das Esalen-Institut im kalifornischen Big Sur, einem Begegnungsort der Human-Potential-Bewegung in den 1960er Jahren. Hier führte Perls seine Gestalt-Workshops mit angehenden Psychotherapeuten durch. Durch die Zusammenarbeit mit Steve Andreas, dem Eigentümer des Verlages Real People Press, und dessen Herausgabe des Buches Gestalt Therapy Verbatim im Jahr 1968 konnte die Gestalttherapie in den USA insgesamt an Bekanntheit gewinnen. 1969 gründete Perls dann am Lake Cowichan auf der kanadischen Vancouverinsel eine Gestalt-Gemeinschaft.

1970 starb Perls in Chicago während einer Vortragsreise. Die Grabstätte des Ehepaares befindet sich auf dem jüdischen Friedhof in Pforzheim

Nachwort

Sehr geehrte Leserin,
sehr geehrter Leser,

Nun sind Sie am Ende dieses kleinen Ratgebers angelangt und hoffe, das ich Ihnen ein paar Aspekte aus psychologischer Sicht über das Träumen vermitteln konnte.

Ihr Jörg Bernhard

Literaturverzeichnis

Aeppli, E.
Browne, S.
Flöttmann, H.
Foulkes, David
Fosar, G.
Freud, Sigmund
Hark, H.
Jung, C. G.
LaBerge, S.
Rinpoche, S.
Ryzl, M.
Schlüter-Taschmann, M.
Varela F.
Vollmar, J. Fiebig, K.
Vollmar, K.